Helfried Weyer **Äthiopien**

Helfried Weyer

Äthiopien

Mit einem Text von Karlheinz Böhm

nicolai

Frontispiz: Goldenes Segenskreuz in der Hand des derzeitigen Patriarchen der äthiopischen Kirche, Abba Paulos.

Unter www.nicolai-verlag.de können Sie unseren Newsletter abonnieren, der Sie über das Programm und aktuelle Neuerscheinungen des Nicolai Verlags informiert.

Lektorat: Diethelm Kaiser, Berlin
Gestaltung: Jonas Maron, Berlin
Satz und Repro: Mega-Satz-Service, Berlin
Druck und Bindung: Rasch, Bramsche

ISBN 10 3-89479-301-5
ISBN 13 978-3-89479-301-2

Inhalt

Vorwort

»Eine Wolke zieht sich zusammen, Regen fällt, die Menschen leben; die Wolke löst sich auf, ohne Regen zu spenden, und Mensch und Tier sterben.« (Wilfred Thesiger)

So einfach und so folgenschwer sind die Spielregeln in vielen Gebieten Afrikas – auch in Äthiopien. Wenn der Regen ausbleibt, kommt es zu jenen Dürrekatastrophen, durch die gerade Äthiopien zu einer traurigen Berühmtheit gelangt ist. Die schrecklichen Szenen von der großen Hungersnot aus den Jahren 1984 und 1985, die uns die Fernsehsender in die Wohnzimmer brachten, haben unser Bild dieses Landes bis heute geprägt. Dabei war die Katastrophe für das Land am Horn von Afrika nicht neu – neu war nur ihre Übertragung via Satellit in unsere Zivilisation. Im 19. Jahrhundert verhungerten bei einer noch viel größeren Dürre zwei Drittel der Bevölkerung Äthiopiens, und aus dem 10. Jahrhundert ist ein Brief des Kaisers von Äthiopien an den Patriarchen von Alexandria überliefert, in dem es heißt: »Großes Leiden ist über unser Land gekommen, unsere Menschen sterben an der Pest, alle unsere Tiere sind verendet, Gott hat die Himmelspforten geschlossen, so dass es nicht regnen kann.« Aus den vergangenen 1000 Jahren sind etwa 40 Hungersnöte in Äthiopien überliefert.

Ein afrikanisches Land, in dem die Bewohner an Hunger sterben, wenn der Regen ausbleibt: Viel mehr wissen die meisten Menschen nicht von Äthiopien. So ist kaum bekannt, dass dort nicht nur atemberaubende Landschaften zu finden sind, sondern auch vielfältige und beeindruckende Kulturtraditionen.

Äthiopien ist das einzige Land in Afrika, das seit dem 4. Jahrhundert vom Christentum geprägt wurde. Christen haben hier ihre Kirchen senkrecht in die Felsen gemeißelt oder auf Urwaldinseln mitten in den Bergseen versteckt. Diese Kirchen sind außen schlicht, innen dagegen mit biblischen Motiven bunt bemalt – und so farbenprächtig und anschaulich, dass wir staunend davor stehen blieben. Das Christentum hat das künstlerische Schaffen in Äthiopien besonders stark beeinflusst. Da ist einmal die Wand-, Ikonen- und Buchmalerei und zum anderen das für Afrika einzigartige Kunsthandwerk in Form von liturgischen Geräten: Hand-, Umhänge- und Prozessionskreuze aus Holz, Messing, Silber und Gold. Dazu gehören prunkvolle Priestergewänder in den schönsten Farbkombinationen. All das gibt es im übrigen Afrika nicht – und wenn doch, dann wurden diese Dinge sehr viel später durch Missionare eingeführt. In Äthiopien aber ist das alles aus der eigenen Kultur erwachsen. Die Christen Äthiopiens sehen König Salomo, der im 10. Jahrhundert v. Chr. Israel zu einer kulturellen Blüte führte, als ihren Stammvater an. Darüber hinaus sind sie davon überzeugt, dass sich die legendäre Bundeslade – der hölzerne Kasten, in dem die Gesetzestafeln mit den Zehn Geboten aufbewahrt wurden – in ihrem Land befindet, in der Stadt Axum.

Besonders bunt und lebendig sind auch die christlichen Feste. An jedem Sonntag sind die Kirchen mit einer festlich gekleideten Menschenmenge überfüllt, und in Addis Abeba erlebten wir hunderttausend Gläubige, die sich zum Timkatfest versammelt hatten. Diese aktive Kirche hat das atheistisch-marxistische Terrorsystem sowjetischer Prägung des Oberstleutnant Mengistu Haile Mariam, unter dessen Führung die über 2000 Jahre alte Monarchie 1974 gestürzt wurde, nicht nur unbeschadet überlebt, sondern sie ist gestärkt aus der kommunistischen Epoche hervorgegangen.

Nach einer Schätzung des Auswärtigen Amtes ist etwa die Hälfte der Äthiopier Christen, rund 40 Prozent der Bevölkerung bekennen sich zum Islam. Das Verhältnis der beiden Religionsgruppen ist offensichtlich von großer Toleranz geprägt. Bei christlichen Prozessionen und Festen stehen auch die Muslime neugierig am Straßenrand und beobachten ihre andersgläubigen Mitbewohner interessiert und ohne die Faust in der Tasche zu ballen. Für dieses leider eher ungewöhnliche friedvolle Miteinander der Religionen, das Vorbild für viele Länder Afrikas und der ganzen Welt sein könnte, wurde die überwiegend von Muslimen bewohnte Stadt Harar, eine der ältesten und farbenprächtigsten Orte des Landes, in jüngster Zeit von der UNESCO besonders ausgezeichnet.

Aber es war nicht immer so friedlich in Äthiopien. Es hat Stammeskämpfe gegeben und Glaubenskriege zwischen Kopten und Katholiken. Ausgebrannte Panzer, die noch heute neben der Straße liegen, erinnern an den jahrzehntelangen Krieg, der schließlich 1991 mit dem Sieg der Rebellen über das kommunistische Regime endete. Und der sinnlose Krieg gegen Eritrea liegt erst wenige Jahre zurück.

Äthiopien ist auch das älteste selbständige Land Afrikas. Es hat – abgesehen von einer kurzen italienischen Besatzungszeit von 1935 bis 1941 – keinen Kolonialismus erlebt. Auch das ist ein Grund für die kulturelle Vielfalt und Eigenständigkeit, die jeden Besucher fasziniert. Äthiopiens Weg zur Demokratie hat 1994 mit der Verabschiedung einer neuen Verfassung begonnen, aber er ist noch nicht beendet. Während unseres letzten Besuchs im Juni 2005 schossen Regierungstruppen auf unbewaffnete oppositionelle Studenten, die nichts anderes forderten als die Offenlegung der tatsächlichen Wahlergebnisse!

Die Idee, Äthiopien zu bereisen – über das auch wir kaum etwas wussten, obwohl wir bereits viele Länder des schwarzen Kontinents besucht hatten –, wurde zufällig geboren, bei einem Aufenthalt in Mali, das ebenfalls zu den ärmsten Ländern Afrikas gehört. An einem Abend in Timbuktu, der alten Handelsstadt am Niger, fiel, als wir überlegten, wo die nächste Afrikareise hingehen sollte, das Stichwort Äthiopien. Und bevor unser Feuer, um das Angehörige der Tuareg im Kreis tanzten, niederbrannte, war die Entscheidung gefallen; wir würden im nächsten Jahr in dieses Land fliegen.

Bei der ersten, »klassischen« Reise in den Norden, die wir in Begleitung von Habte Lakew machten, der in Deutschland Agrarwissenschaft studiert hatte und heute Touristen durch seine äthiopische Heimat führt, waren wir fasziniert von dem angenehm kühlen Bergland. Aber natürlich sahen wir nur einen kleinen Teil des großen Landes. Habte schwärmte täglich von jenen Gegenden, in denen es noch keine touristische Infrastruktur gibt und deshalb auch fast keine Fremden. Schnell überredete uns der schwarze Freund zu einer weiteren Reise in die heiße Danakilsenke – zu den großen Salzkarawanen und den aktiven Vulkanen im Ostafrikanischen Grabenbruch, dem Rift Valley. Dieses einzigartige Gebiet wird in dem Reisehandbuch, das wir dabei hatten, nur kurz erwähnt, eine Fahrt dorthin lapidar als »Höllentrip« bezeichnet. Dieser »Höllentrip« wurde zu einer Reise in eine andere Zeit, zu einem Ausflug auf einen fremden Planeten. Die Landschaften, die wir besuchten, gehören für mich als Fotografen zu den absoluten Highlights von ganz Afrika: Sie wurden nie zuvor gesehen, geschweige denn Aufnahmen von ihnen publiziert, da sie erst unmittelbar vor unserem Besuch im Januar 2005 durch den aktiven Vulkanismus entstanden sind.

Im Süden Äthiopiens enden die Straßen im Nichts – und in diesem Nichts leben kleine Naturvölker wie vor tausend Jahren von Milch, Blut, Honig und Hirse. Einige von ihnen kommen auch noch ganz ohne Kleidung aus. Ich habe diesen Naturvölkern am Omo-Fluss viel Platz in diesem Buch eingeräumt, weil sie vielleicht sehr bald schon nicht mehr in dieser Form existieren werden. Und wenn das geschieht, werden Afrika und unser ganzer Planet ärmer sein. Auch diese einfachen, noch kaum von modernen Einflüssen berührten Lebensformen gehören zu der bemerkenswert reichen Kultur dieses Landes, in dem über 80 verschiedene Sprachen gesprochen werden.

Erst nach vier Reisen und nach vielen wertvollen Erfahrungen und Erkenntnissen, die uns Habte auf diesen Reisen vermittelt hat, reifte in mir der Plan, Äthiopien in all seinen so unterschiedlichen und so farbenfrohen Facetten in einem Bildband vorzustellen. Darin zeige ich ganz bewusst keine verhungernden Kinder, keine Slums am Stadtrand von Addis Abeba und auch keine von Lepra, Tuberkulose, Malaria oder Aids entstellten Gesichter – sondern die Schönheit eines stolzen Landes mit großer Kultur und Tradition, das den Anschluss an das 21. Jahrhundert sucht. Die lachenden Menschen, der blaue Himmel und die unzähligen exotischen Motive im äthiopischen Alltag sollen aber auch nicht darüber hinwegtäuschen, dass dieses Land nach wie vor zu den ärmsten der Welt gehört, ständig bedroht von katastrophalen Hungersnöten und von einer explosionsartig wachsenden, in zu vielen Fällen noch unwissenden Bevölkerung. Das schöne Land am Horn von Afrika kann noch nicht aus eigener Kraft überleben. Es muss durch internationale Hilfsorganisationen wie das *Rote Kreuz*, *Unicef*, *Caritas* und andere gestützt werden.

Menschen für Menschen, die Hilfsorganisation von Karlheinz Böhm, spielt in Äthiopien eine ganz besondere Rolle und wurde in den vergangenen 25 Jahren zur Vorbildorganisation für Hilfsprojekte in der gesamten Dritten Welt. Bundespräsident Roman Herzog hat bei seinem Staatsbesuch in Äthiopien 1996 festgestellt: »Die Arbeit [von *Menschen für Menschen*] ist bis in die kleinsten Dinge hinein von dem Grundsatz ›Hilfe zur Selbsthilfe‹ bestimmt. Das ist ermutigend.«

Bundespräsident Horst Köhler hat gleich nach seinem Amtsantritt im Jahr 2004 Äthiopien als Ziel für seine erste große Auslandsreise gewählt und in Harar zusammen mit Karlheinz

Böhm über Entwicklungshilfe diskutiert. Horst Köhler war von Böhms Projekt *Menschen für Menschen* ebenso beeindruckt wie Karlheinz Böhm vom Bundespräsidenten. »Da habt ihr einen wunderbaren Mann, den ersten Politiker, der die Probleme Afrikas wirklich begriffen hat und der sie auch ernst nimmt«, vertraute mir Karlheinz Böhm an, während ich auf demselben Stuhl saß, auf dem unser Staatsoberhaupt wenige Wochen vor meinem Besuch den kühlen Schatten im heißen Harar genoss.

Karlheinz Böhm hat mich eine Woche lang durch sein imposantes und großherziges Hilfswerk *Menschen für Menschen* geführt, und ich bin diesem unendlich vitalen Mann sehr dankbar, dass er sich spontan bereit erklärt hat, an diesem Äthiopien-Buch aktiv mitzuarbeiten. Dadurch ist es unser gemeinsames Buch geworden.

Mit dem Kauf dieses Buches haben Sie bereits zwei Euro für *Menschen für Menschen* gespendet. Aber zwei Euro sind nicht viel. Vier Euro brauchte Karlheinz Böhm zum Beispiel, um der Bäuerin Talema, die acht Jahre blind war, wieder das Augenlicht zu schenken. Und siebzig Euro, um dem siebenjährigen Mädchen Lettekiros, das durch TBC und Marasmus, die schwerste Form von Unterernährung, nur noch neun Kilo wog, das Leben zu retten.
Am Schluss dieses Buches findet der Leser eine Einladung zur Geldspende für Äthiopien.
Denn es bleibt dabei: »Eine Wolke zieht sich zusammen, Regen fällt, die Menschen leben; die Wolke löst sich auf, ohne Regen zu spenden, und Mensch und Tier sterben.«

Diese Panoramaaufnahme vom Tanasee bei Sonnenuntergang entstand im Garten des Tana Hotels in Bahar Dar. Ich sitze unter gewaltigen Fichten, Akazien, blühenden Jakarandabäumen und Kandelaber-Euphorbien und beobachte das Farbenspiel auf dem friedlich ruhenden See – noch ist das Wasser, auf dem goldene Lichter tanzen, blau, dann wird es lila, und schließlich, unter einem großartig funkelnden Sternenhimmel, liegt der See wie flüssiges Blei da. Ibisse fliegen im Formationsflug zu ihren Nachtquartieren, ein Fischadler wartet noch geduldig auf einen guten Happen, und Pelikane zanken sich mit Kormoranen. So paradiesisch kann Äthiopien sein.

Der Tanasee

Mit über 3500 Quadratkilometern ist der nahezu 2000 Meter über dem Meer gelegene Tanasee Äthiopiens größtes Binnengewässer. Es wird von etwa 60 Flüssen gespeist, die vor allem aus den nördlich gelegenen Semienbergen kommen. Der Tanasee gilt als Quelle des Blauen Nils, der vom Äthiopischen Hochland zum Sudan hinunterfließt und bei Khartoum in den Weißen Nil mündet. An seinen Ufern lebt das Volk der Woyto vom Fischfang und von der Landwirtschaft. Auf dem Wasser sind die Woyto wahre Artisten, kein Fremder könnte die kleinen, hinten offenen Boote so sicher durch die Wellen paddeln.

Im See befinden sich über 30 kleine und größere Inseln, auf 20 von ihnen stehen Kirchen und Klöster mit beeindruckenden alten Gemälden. Diese einzigartige Bildersammlung gehört zu den schönsten und bedeutendsten Kulturgütern Äthiopiens. Leider sind die Kirchenbilder bislang nur unzureichend in Publikationen dokumentiert.

Zwischen den großenteils von Urwald bedeckten Inseln im Tanasee sind Woyto-Männer in ihren kleinen Papyrusbooten unterwegs, um Welse und Barsche zu fangen.

Kinder vor der Kirche Debre Sina Maryam auf der Halbinsel Zeghie.

24 steinerne Pfeiler stützen das Runddach der 1746 gebauten Selassie-Kirche auf der Insel Nargha Selassie. Ihre Gemälde zählen zu den schönsten in Äthiopien und werden um das Jahr 1750 datiert.

Dieses Gemälde stellt den Heiligen Georg dar, der den Drachen tötet. Der Legende nach wurde die Stadt Silena in Libyen von einem Drachen tyrannisiert, der schließlich die Königstochter als Opfer forderte. Aber Georg erschlug den Drachen und rettete so die Prinzessin. Daraufhin ließen sich der König und 20 000 Bürger der Stadt taufen.

Die Engelsköpfe mit den besonders großen Augen, die zwischen den Deckenbalken der Kirche Debre Berhan Selassie in Gondar aufgemalt sind, gehören zu den schönsten und berühmtesten Kirchenbildern in Äthiopien.

Gondar – Stadt der Paläste und Schlösser

Die frühen Kaiser Äthiopiens residierten oft in Zeltstädten, die sie leicht nach einer gewonnenen oder verlorenen Schlacht verlegen konnten. Das änderte sich unter Kaiser Fasilidas (1632–1667), der erstmals in der Geschichte des Landes eine ausgedehnte gemauerte Palastanlage bauen ließ. Die Stadt, in der der Palast errichtet wurde, Gondar, erfuhr dadurch einen beachtlichen wirtschaftlichen Aufschwung, und die Kunst – vor allem Kirchenmalerei und Musik – erlebte eine neue Blütezeit. Das spiegeln auch die vielen Namen der schönen Tore zum Palast wieder: Tor der Flötenspieler, Tor der Spinner, Tor des Kammerherren, Tor der Prinzessin Inkoi usw. Der Malstil von Gondar beeinflusste die Darstellungsweise der Bilder in den Kirchen und Klöstern auf dem nahen Tanasee.

Erst im 19. Jahrhundert verlegte Kaiser Tewodros II. (1855–1868) seinen Regierungssitz nach Debre Tabor und später nach Makdalla. Danach büßte Gondar schnell seinen Glanz und Reichtum ein. Heute gehört die Stadt mit den zahlreichen Sehenswürdigkeiten aus jener Blütezeit zu den interessantesten und schönsten Städten im äthiopischen Hochland – und das gilt nicht nur für die Palastruinen, sondern auch für die Kirche Debre Berhan Selassie mit ihren einzigartigen Malereien.

Der Palast von Kaiser Fasilidas wurde angeblich von einem indischen Architekten im 17. Jahrhundert gebaut und gehört heute zu den großen historischen Stätten der einstigen Hauptstadt Gondar.

An der Ostwand der Kirche Debre Berhan Selassie die Kreuzigungsszene unter der Dreifaltigkeit: Rechts neben Jesus steht Kaiser Iyasu unter dem Kreuz.

Die Kirche Debre Berhan Selassie wurde unter Kaiser Iyasu (1682–1706) gebaut und 1694 geweiht.

Die Semienberge zwischen Gondar und Axum erreichen Höhen bis zu 4620 Meter. Dort gibt es den Semien Nationalpark mit schönsten Wandermöglichkeiten. Zu bewundern sind neben schroffen Gipfeln und tiefen Schluchten auch endemische Pflanzen wie die Kniphofia und Riesenlobelien.

Man kann den Semien Mountains National Park erwandern, auf Maultieren durch die schöne Bergwelt reiten oder auch im Geländewagen über die einzige Straße bis Ch'enek fahren. Zu den Hauptattraktionen gehören die endemischen Dschelada-Paviane. Vor Menschen zeigen die Dscheladas keine Scheu, wir konnten uns mitten in großen Herden frei bewegen, die Tiere nahmen kaum Notiz davon.

Die Affen »mit dem blutenden Herzen« auf der Brust: Dieser rote Fleck signalisiert die sexuelle Bereitschaft des Tieres. Die Dscheladas leben in Großfamilien und ernähren sich hauptsächlich von Gräsern. Die Gruppen bestehen entweder nur aus jungen Männchen oder aus einem geschlechtsreifen Männchen mit vielen Weibchen und Jungtieren – wobei, im Unterschied etwa zu den Pavianen, die Weibchen die Gruppe führen.

Durch die bizarre Bergwelt des nördlichen Äthiopien führen atemberaubende Schotterstraßen mit unzähligen engen Kurven und Kehren vorbei an Schluchten, Tafelbergen und winzigen Dörfern.

Die Menschen des Landes sind zu Fuß unterwegs – und alle tragen gewaltige Lasten. Hier kommen Bauern mit Strohballen von ihren Feldern nach Hause.

Tonkrüge sind schon leer sehr schwer und unhandlich, voll mit Wasser gefüllt wiegen sie schnell 30 Kilogramm und mehr – und werden meist von jungen Mädchen vom Brunnen oder Fluss zum Dorf getragen.

Diese selbst gefertigten Krüge werden in jüngster Zeit zunehmend durch Plastikkanister in grellen Farben verdrängt. Das mag den Transport etwas erleichtern, aber bestimmt nicht die Wasserqualität. Kein anderes Gefäß kühlt Wasser so gut wie ein irdener Tonkrug, deshalb wird das Wasser in den Häusern meist in die traditionellen Krüge umgefüllt.

Axum – Stadt der Rätsel und Legenden

»Wie glücklich sind deine Frauen und deine Minister, die täglich um dich sind und deine klugen Worte hören! Der Herr, dein Gott, sei gepriesen, der dich erwählt und auf den Thron Israels gebracht hat!«
Salomo erfüllte der Königin von Saba jeden ihrer Wünsche und beschenkte sie darüber so reich, wie nur er es konnte. Danach kehrte die Königin mit ihrem Gefolge wieder in ihr Land zurück.
1. Könige, 10, 8 und 13

Die seit dem 2. Jahrhundert n. Chr. bezeugte Stadt Axum im Norden Äthiopiens birgt viele Geheimnisse: allen voran die rätselhaften Stelen – rund 2000 Jahre alte behauene Granitmonolithe, die vermutlich zu Grabbauten gehörten –, die nicht minder mysteriöse Bundeslade und die Ruinen des Palastes der sagenhaften Königin von Saba. Nach äthiopischer Überlieferung war Axum die Hauptstadt dieser Königin, die im Neuen Testament als »Königin des Südens« bezeichnet wird. In der Bibel ist zu lesen, dass sie König Salomo in Jerusalem besuchte, und im Kebra Nagast, dem Nationalepos Äthiopiens aus dem 14. Jahrhundert, wird beschrieben, wie sie von Salomo verführt wurde.

Zunächst hatte Salomo die Königin im jüdischen Glauben unterwiesen und sich dabei in sie verliebt. Sie wehrte seine Verführungsversuche zunächst ab, der König griff daraufhin zu einer List: Er verabredete mit ihr, dass sie ohne seine ausdrückliche Genehmigung nichts von seinem Eigentum im Palast anrühren dürfe, andernfalls müsse sie sich ihm hingeben. Nun ließ der König am Abend besonders scharfe und salzige Speisen servieren – von Durst gequält, trank die Königin des Nachts Wasser aus einer Schale des Königs. Darauf hatte Salomo nur gewartet, und er nahm sie noch vor dem Morgengrauen zur Frau.

Die Königin zog mit ihrem Gefolge in die Heimat zurück und schenkte neun Monate später einem Sohn das Leben, den sie Menelik nannte. Als dieser erwachsen war, reiste er nach Jerusalem zu seinem Vater. Salomo erklärte Menelik zum Thronerben. Als der junge Mann zur Rückreise aufbrach, befahl der König, dass alle erstgeborenen Söhne seiner Weisen ihn nach Äthiopien begleiten sollten. Heimlich nahmen Menelik und seine Gefährten die Bundeslade mit, das große Heiligtum der Juden, in dem die Gesetzestafeln aufbewahrt wurden. Auf diese Weise kam die Bundeslade nach Axum – und dort liegt sie angeblich noch immer.

Menelik war der Legende nach der Gründer der Salomonischen Dynastie Äthiopiens. Noch der letzte Kaiser dieses Landes, Haile Selassie (1930–1974), berief sich auf diese Tradition und betrachtete sich als 225. Monarchen dieser Dynastie.

Die über 20 Meter hohen Granitstelen haben Axum weltberühmt gemacht. Hier ist die drittgrößte Stele zu sehen, sie steht (fast) senkrecht und ist 23 Meter hoch. Die größte Stele mit einer Höhe von 33 Metern und einem Gewicht von 500 Tonnen liegt zerbrochen daneben. Ein weiterer Obelisk von 24 Metern Höhe wurde von Mussolini widerrechtlich nach Rom gebracht – und nach 58-jährigen Verhandlungen im Frühjahr 2005 endlich wieder an Äthiopien zurückgegeben.

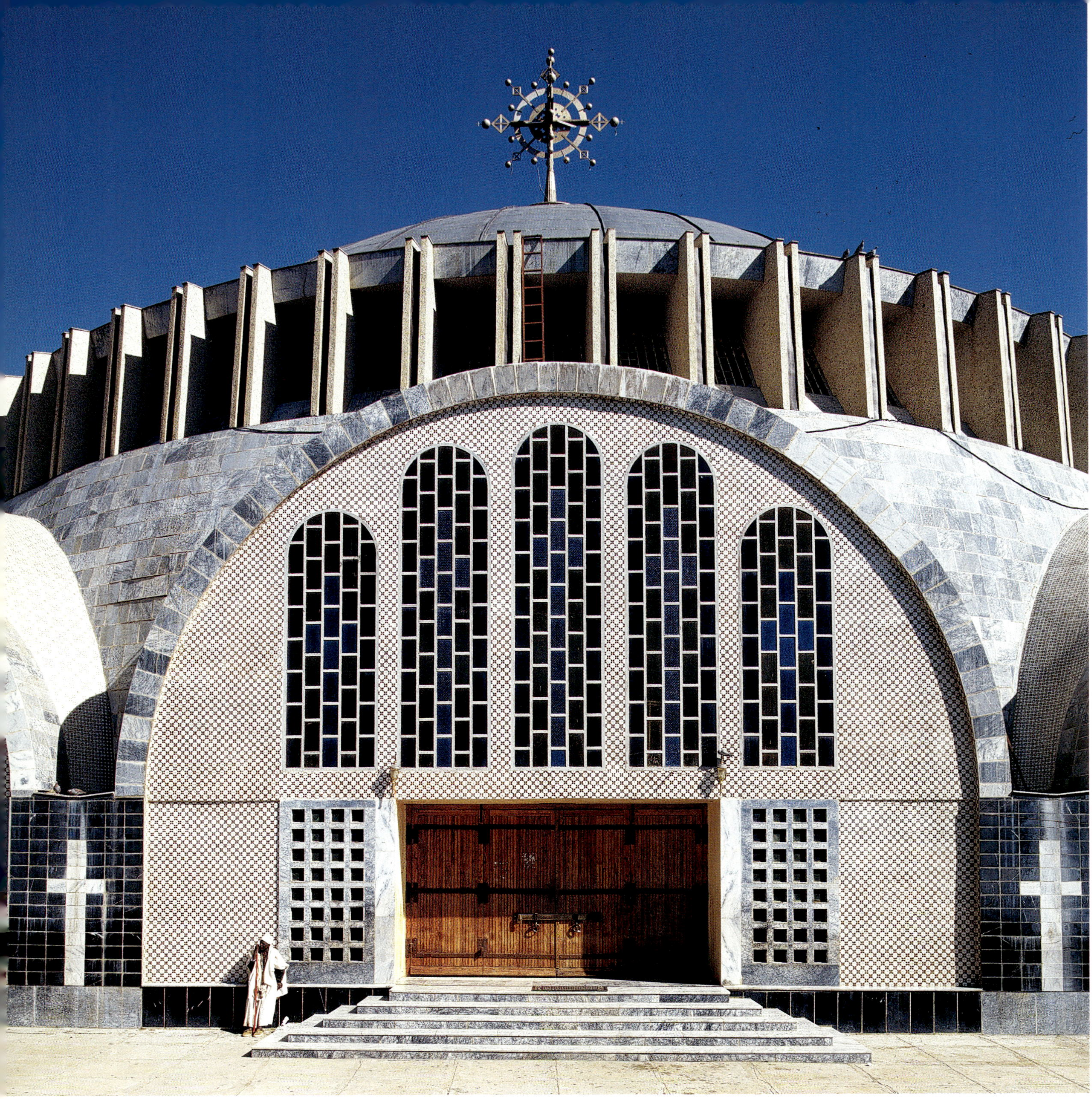

In Axum gibt es zwei Kirchen der Heiligen Maria von Zion. Eine alte aus dem 17. Jahrhundert, sie wurde von Kaiser Fasilidas gebaut, und diese neue, die 1965 von Kaiser Haile Selassie im Beisein der englischen Königin Elizabeth II. eingeweiht wurde.

In der neuen Kirche mit dem gewaltigen Kuppeldach zeigte man uns diese 600 Jahre alte Bibel mit farbenprächtigen Abbildungen: links der Märtyrer St. Georg, den Drachen tötend, und rechts Maria mit dem Jesuskind.

In der alten Kirche der Heiligen Maria von Zion stehen wir vor dem größten Geheimnis des Landes, der Kapelle mit der Bundeslade. Das Wandbild (oben; siehe auch auf der rechten Seite links unten) zeigt die Fassade der Kirche, vor der ein Priester die Bundeslade hochhält. Im Vordergrund küsst ein König die Hand des Gouverneurs von Axum, neben dem König steht der Patriarch.

Der Hauptraum der Kapelle mit seiner bemalten Stirnwand: Neben der Dreifaltigkeit sind die Erzengel Michael und Gabriel dargestellt und darunter in bunter Reihe Märtyrer. Der untere Bildteil zeigt den Sündenfall: Eva, von der Schlange verführt, greift in der Mitte der Bildsequenz nach der verbotenen Frucht vom Baum der Erkenntnis; rechts außen wird die Vertreibung aus dem Paradies dargestellt.
Ein Blick auf die Bundeslade selbst bleibt dem Besucher allerdings verwehrt.

Eine Trauerfeier vor der Kirche der Heiligen Maria von Zion: Lange vor Sonnenaufgang haben sich mehrere tausend Trauergäste zur Andacht und zum Gebet für den Verstorbenen versammelt.

In ihre langen weißen Gewänder gehüllt, verharren die Mitglieder der Trauergemeinde in stiller Einkehr vor der Kirche.

Äthiopien ist das Land der Fußgänger. Dieser Mann trägt lebende Hühner auf einem langen Marsch zum nächsten Markt.

Hirten legen Tag für Tag Entfernungen bis zu 20 Kilometer zurück.

In der Morgensonne klappert ein Webstuhl im Staub der Dorfstraße.

Freundlich lächelt der junge Hirte am Wegesrand in die Kamera. Dieses Zusammenspiel von grandioser Landschaft, einer beeindruckenden Kultur und der Liebenswürdigkeit der Menschen macht Äthiopien so unwiderstehlich.

Lalibela, das »Neue Jerusalem«

Die in ihrer Konstruktion einzigartigen Felskirchen von Lalibela gehören zu den nur wenig bekannten Wundern dieser Welt – sie sind beeindruckender als selbst die berühmte Felsenburg Petra in Jordanien. Es gibt eine Vielzahl von Felskirchen im Norden Äthiopiens, aber in Lalibela erreicht diese Architekturform ihren absoluten Höhepunkt. Die Kirchen, senkrecht in den Fels gemeißelt, stammen aus dem 12. und 13. Jahrhundert. Der Legende nach hat König Lalibela (1181–1221) die Kirchen mit der Hilfe von Engeln in den roten Tuffstein schlagen lassen. In Wahrheit haben natürlich mehrere Generationen unter verschiedenen Königen an diesen Kunstwerken mitgewirkt. Das Besondere dieser Kirchen sind nicht nur die sakralen Bauten selbst, sondern auch weitläufige Netzwerke aus Tunneln und Grotten, aus Galerien und Treppen, die die Kirchen untereinander und mit der Welt über ihnen verbinden.

Über die Gründe, warum man hier Kirchen von oben nach unten und dann von außen nach innen in den Fels gehauen hat, lässt sich nur spekulieren, da konkrete Angaben über die Motive und auch über die Techniken nicht überliefert sind. Es wird vermutet, dass diese Kirchen gute Verteidigungsmöglichkeiten boten und hervorragende Verstecke darstellten. Sicher ist jedenfalls, dass nur eine tiefe Gläubigkeit der verantwortlichen Könige und Baumeister eine solche außerordentliche Leistung möglich machen konnte.

Seit 1978 gehören die Felskirchen von Lalibela zum UNESCO-Weltkulturerbe. An zwei Festtagen der Orthodoxen Kirche entfalten die eher farblosen Bauten im Fels durch wunderschöne Priestergewänder, Weihrauchgefäße und Prozessionskreuze eine unglaubliche Pracht: zu Weihnachten und beim Timkatfest. Die nach zwei Jahrtausenden christlicher Tradition bis heute ungebrochene Kraft des Glaubens wird bei diesen Anlässen besonders spürbar. Die eigentliche Botschaft der Feierlichkeiten wird allerdings zunehmend durch den Ansturm von Touristen in Mitleidenschaft gezogen.

In der Umgebung der Felskirchen von Lalibela befinden sich viele Nischen und kleine Höhlen in senkrechten Wänden; oft sind sie von Pilgern bewohnt, die dort meditieren und um Almosen bitten.

Ein Priester zeigt uns in der Georgs-Kirche sein Vortragskreuz (links) und seinen Gebetsstock (rechts). Die Sonnenbrille trägt der Mann, um seine Augen gegen das ständige Blitzlichtgewitter der Besucher zu schützen.

Die Krönung aller Felskirchen von Lalibela ist Bet Gyorgis, die Georgs-Kirche. Sie liegt etwas abseits und ist in eine Felsterrasse gehauen, die von wunderschönen alten Ölbäumen, also von einer wahrhaft biblischen Landschaft umgeben ist.
Im 13. Jahrhundert schlugen die Arbeiter ein 12 Meter tiefes Rechteck mit Seitenlängen von rund 20 Metern aus dem Fels, in der Mitte blieb ein Felssockel auf kreuzförmigem Grundriss für die Kirche stehen, die dann aus diesem gewaltigen Block herausgemeißelt wurde. Das flache Kirchendach ist mit einem Relief aus drei ineinander liegenden griechischen Kreuzen geschmückt. Die Georgs-Kirche ist auch in Lalibela ohne Beispiel und ohne Nachfolge.

Pilger in Lalibela bei der Bibellektüre. Als erster Europäer hat der portugiesische Mönch Francisco Alvarez den Ort Lalibela im 15. Jahrhundert beschrieben, sein Bericht endet mit diesen Worten: »Ich schwöre bei Gott, dass ich die Wahrheit niedergeschrieben habe und dass es noch viel mehr gibt, was ich nicht beschrieben habe, weil ich fürchtete, dass man mich der Lüge bezichtigte.«

Szenen in Lalibela (von links oben nach rechts unten): Lesender Pilger in einer Höhle; ein Leprakranker stellt sein Elend zur Schau und bittet um Almosen; ein Händler bietet Segenskreuze und bunte Stoffe an; Gläubige, die von Kirche zu Kirche ziehen.

Auf der klassischen Nordroute, die wir im Uhrzeigersinn befahren, klettern unsere Landcruiser, nachdem wir Lalibela verlassen haben, schnell auf ein eindrucksvolles Hochplateau, das ein wenig an die Mongolei oder sogar an Tibet erinnert. Diese Ernteplätze gehören auf dem Plateau zum Landschaftsbild und begleiten uns einen ganzen Tag lang.

Alltag in Äthiopien. Reisen in diesem Land bedeutet immer auch eine intensive Begegnung mit den gastfreundlichen Menschen in den unterschiedlichen Regionen. Während Frauen fleißig Mais und Kaffee in der Pfanne rösten ...

... halten ihre Männer Wache – oder träumen nur in den Tag hinein.

Timkat, das Fest der Taufe

Um diese Zeit kam Jesus von Galiläa her an den Jordan, um sich von Johannes taufen zu lassen.
Aber Johannes versuchte, ihn davon abzubringen und sagte: »Du kommst zu mir? Eher hätte ich es nötig, mich von Dir taufen zu lassen!«
Aber Jesus antwortete: »Lass es geschehen! Damit tun wir, was Gott jetzt von uns verlangt.«
Da gab Johannes nach.
Matthäus 3, 13-15

An dieses Ereignis, die Taufe Christi im Jordan, erinnert das Timkatfest, das am 19. Januar im christlichen Äthiopien begangen wird. Am Abend vor dem Fest werden die in schönsten Brokat gehüllten Kopien der Bundeslade, die Tabots, zum Festplatz gebracht, wo sie die Nacht über in einem Zelt aufbewahrt werden. In den großen Städten ziehen aus den einzelnen Kirchen überall kleine Prozessionen zur Hauptprozession, die sich dann als bunter Lindwurm, begleitet von Tanz und Musik, zum Festplatz begibt. Am nächsten Morgen werden die Tabots den Gläubigen gezeigt; dieser Teil der Feier wird gerahmt von farbenprächtigen Priestertänzen und Gesängen. Dann folgt der Höhepunkt des Festes: Der ranghöchste Priester, in Addis Abeba der Patriarch, weiht das Wasser und segnet damit die Tabots und anschließend die Gemeinde im Gedenken an die Taufe Christi durch Johannes.

Das ist die knappe, nüchterne Beschreibung von Timkat, so wird das Fest überall dort gefeiert, wo es in Äthiopien Gemeinden gibt. In der Ausführung ist Timkat natürlich weit mehr, nämlich ein großartiges Glaubensbekenntnis in einem prächtigen, würdevollen Rahmen.

In Lalibela im Morgengrauen des 19. Januar: Priester wachen im Zelt neben den Tabots, draußen sitzen die ganze Nacht hindurch Gläubige, sie beten und meditieren und lassen das Zelt mit den Heiligtümern keine Minute aus den Augen.

Eine Sängergruppe beim Timkatfest in Addis Abeba; in ihren linken Händen halten die Männer den Gebetsstock, auf den sie sich bei den langen Liturgien stützen können.

Das Bild zeigt die Hauptpriester der Kirchen St. Markus, St. Maria, St. Gabriel und St. Johannes (von links) in Addis Abeba mit den Tabots auf dem Kopf kurz vor der Wasserweihe.

Ein Priester mit dem Tabot in Lalibela. Außer den schönen Brokatstoffen bekommt der Besucher von den Bundesladen nichts zu sehen.

In den Gemeinden Äthiopiens gibt es etwa 400 unterschiedliche Kreuze. Die Bildbeispiele zeigen kleine Kreuze zum Segnen der Gemeinde (links oben, rechts unten), ein großes Prozessionskreuz (rechts oben) und ein Handkruzifix (links unten).

Beim Timkatfest in Addis Abeba versammeln sich etwa hunderttausend Gläubige auf dem Festplatz – und alle warten sehnsüchtig auf einige Tropfen von dem geweihten Wasser, das schließlich mit Gartenschläuchen in die bunte Menge gespritzt wird. Da wir als Fotografen für den inneren Bezirk akkreditiert waren, bestürmten uns zahlreiche Gläubige nach dem Fest mit der Bitte, ihre Plastikflaschen mit dem geweihten Wasser zu füllen.

Danakil – Höllen- oder Himmelstrip?

In den einschlägigen Reiseführern wird die Danakilsenke im Nordosten von Äthiopien entweder überhaupt nicht erwähnt oder mit einem kurzen Satz lapidar als »Höllentrip« abgetan. Die Tatsache, dass es dort keine Infrastruktur gibt und es auch etwas wärmer werden kann, rechtfertigt es aber keineswegs, dieser Region, die für mich zu den absoluten Highlights Afrikas zählt, keine Beachtung zu schenken.

Die Danakilsenke gehört zum großen Ostafrikanischen Grabenbruch. Dort lebt das Volk der Afar, die von den Amharen, der Bevölkerung des zentralen Hochlands, Danakil genannt werden. Die Senke war lange Zeit vom Roten Meer überflutet, das verdunstende Meerwasser hat dicke Salzschichten hinterlassen, und dieses Salz wird heute noch wie in biblischer Zeit abgebaut. In den Wintermonaten ziehen die Afar mit Tausenden von Kamelen in die Senke und transportieren das kostbare Gut hinauf zum Hochland Äthiopiens. Mit diesen Salzkarawanen und den stolzen Afar, die größten Wert auf ihre Unabhängigkeit legen, mit den aktiven Vulkanen und den großen, blendend weißen Seen unter einer mörderischen Sonne bildet die Danakilsenke eine innerhalb der afrikanischen Natur einzigartige Szenerie.

Von einem »Höllentrip« wird nur der sprechen, der seine Ansprüche nicht zu reduzieren weiß. Wer lernt, sich zu beschränken, für den kann die Reise in diese Region – und für einen Fotografen zumal – zu einem »Himmelstrip« werden. Und wer es auf sich nimmt, über das Salz nach Dallol zu wandern, wird dort einen fremden Planeten betreten.

Der Salzsee Assale liegt 150 Meter unter dem Meeresspiegel. Hier herrschen die wohl höchsten relativen Lufttemperaturen der Erde: 60° Celsius und mehr wurden in dieser mörderischen Tiefebene unter einer erbarmungslosen Sonne schon gemessen.

Viele der Kamelkarawanen starten in Makale und Umgebung, von dort sind es 180 Kilometer bis zur Saline. Die Karawanen sind zwölf Tage unterwegs, um das Salz vom Assalesee zu holen.

Die Führer der Karawanen sind nicht die Besitzer der Kamele, sie mieten die Tiere nur an und teilen den Gewinn einer Reise später mit dem Eigentümer. Auf unserer Fahrt in die Danakilsenke begegneten wir schon am ersten Tag mindestens zwei Dutzend Salzkarawanen.

Afar bedeutet »Freie« – schon darin zeigt sich der unbeugsame Charakter dieses Volkes. Um die Afar ranken sich viele Legenden: So heißt es, ein echter Afar-Mann müsse beweisen, dass er einen Feind getötet habe, bevor er heiraten dürfe. Dem Besiegten habe er, so wird weiter erzählt, die Genitalien abgeschnitten und sich als Trophäe um den Hals gehängt. Solche Geschichten tragen vermutlich sogar einen wahren Kern in sich. Heute herrschen andere Regeln – zumindest weitgehend. Wir haben die Afar in ihren Dörfern eher scheu und doch freundlich erlebt, trotzdem hatten wir bewaffnete Polizisten auf unserer Reise dabei. Das Bild zeigt ein typisches Afar-Dorf in der Danakilsenke.

Der Polizist, der uns begleitete, war immer höflich und eher zurückhaltend. Er garantierte nicht nur unsere Sicherheit, seine Anwesenheit erleichterte auch den Kontakt mit den Einheimischen.

Eine junge Frau der Afar mit drei Kindern in dem Dorf Achmed Ela.

Achmed Ela ist die letzte Ortschaft vor dem Assalesee – ein Dorf mit wenigen bunt bemalten Lehmhäusern und vielen Hütten, die aus Grasmatten und Holzknüppeln zusammengebastelt sind. Wir haben mitten in Achmed Ela unsere Zelte aufgeschlagen und wegen der warmen Nächte doch vor ihnen auf der Matte geschlafen. Ab vier Uhr früh gingen die Afar-Männer durch unser Lager, die Hacke auf der Schulter. Sie marschieren jeden Morgen zu Fuß zur sieben Kilometer entfernten Saline auf dem Salzsee.

Die Saline auf dem Salzsee. Früh am Morgen kommen die Karawanen mit Kamelen und Eseln, um das gebrochene Salz zu holen – eine Szenerie wie aus biblischen Zeiten.

Mit der Hacke wird zunächst eine Rille in das Salz geschlagen. Mit langen Holzstangen werden dann große Salzplatten von Hilfsarbeitern herausgehebelt.

Anschließend kommen Spezialisten an die Reihe, die aus den großen Platten kleine Barren fertigen, die jeweils sechs bis acht Kilogramm wiegen. Die rechten Winkel, nur nach Augenmaß geschlagen, stimmen genau. Diese wichtige Arbeit wird alleine von den Afar erledigt, ihre Hacke geben sie nie in fremde Hände.

Das aus der Oberfläche des Sees gebrochene Salz wird in langen Reihen gestapelt. Die Händler, die jeweils für eine der Arbeitsgruppen zuständig sind, führen ihre Kamele mitten in dieses bunte Treiben hinein, um sie dort zu beladen. Schatten gibt es an diesem wahrlich abgeschiedenen Ort weit und breit nicht.

Ein Kamel trägt 24 Salzbarren 180 Kilometer weit nach Makale zum Markt. Für einen Barren, der hier bei der Produktion 1 Birr kostet, erzielt der Händler in Makale 8 Birr, das macht 168 Birr pro Kamelladung.

Die Karawanenführer haben noch weitere Kosten: Sie müssen Steuern bezahlen und Abgaben an die Afar für das Wegerecht. Diese Beträge belaufen sich pro Kamel auf etwa 60 Birr, damit schmilzt der Gewinn auf 108 Birr pro Kamelladung. Eine kleine Karawane besteht aus 20 Kamelen, die in der Regel von drei Männern geführt werden, einem Karawanenführer und zwei Helfern. Diese drei Männer können also auf einer Reise – die zwei Wochen dauert – 2160 Birr erwirtschaften (1 Birr = 0,10 Euro; Stand 2005). Das Bild zeigt abgelegte Salzlasten während einer Mittagsrast.

Abend auf dem Salzsee. Ein langer, heißer Tag liegt hinter den Menschen und Tieren. Die Nacht bringt kaum Kühlung, aber einige Stunden verdiente Ruhe. Das Bild entstand in Achmed Ela.

Dallol – ein fremder Planet

Wo Vulkane auf der Erde ausbrechen, sind farbenprächtige Fumarolengebiete nicht weit. Aber wohl keines ist so bunt und so eindrucksvoll wie Dallol in der Danakilsenke. Hier pressen heiße Quellen Salz aus dem Boden und lagern es auf einem Berghang ab. Um die Wasseraustritte wachsen Kamine in schrillen Farben, bilden sich leuchtend gelbe Dämme und rote Krusten. Inmitten dieser kochenden und fauchenden Welt aus Salz entstehen leuchtend blaue und türkisfarbene Pools. Weiß ist das Salz, gelb der Schwefel, und rotbraun leuchten die Eisenverbindungen. Geologen vermuten, dass ein Arm des Roten Meeres vor Jahrmillionen bis in die Danakilsenke vorgestoßen und schließlich verdampft war. Zurück blieb eine über 1000 Meter dicke Salzschicht. Dallol liegt etwa 120 Meter unter dem Meeresspiegel.

Etwa 500 Meter vor dem Salzfeld von Dallol bleiben unsere Landcruiser auf festem Grund zurück. Der weitere Weg führt durch Wasser mit sehr hoher Salzkonzentration über ein rotbraunes und goldenes Muster, das so hart ist, dass keine Fußspuren zurückbleiben.

Selbst auf diesen gelben Salzmauern kann man sicher balancieren, sie sind hart wie Beton und erlauben Wanderungen mitten in das Salzfeld hinein.

Die surreale Welt von Dallol: Nur wer sie in der flimmernden Hitze durchwandert, sie sieht und zugleich riecht, kann die bizarre Schönheit dieser Landschaft wirklich ermessen.

Das Blau des wolkenlosen Himmels spiegelt sich in den klaren Salzwasserpools zwischen den gelben Salzstegen.

Steigt man in Dallol eine halbe Stunde den Hang hoch, trifft man auf ein weiteres, überaus buntes Fumarolenfeld; das Wasser ist nicht so blau wie im unteren Areal. Auch hier sind »Plattformen« aus dem Salzwasser heraus gewachsen, die man sicher betreten kann. Im Gegensatz zum unteren Feld kocht hier an vielen Stellen schwefeliger Brei und sogar Wasser – und es riecht so stark, dass Atemmasken zu empfehlen sind. Hier oben ist größte Vorsicht geboten, ein einziger Fehltritt kann verheerende Folgen haben.

75 Kilometer südlich von Dallol liegt der Vulkan Erta Ale. Vor wenigen Jahren war der Krater noch mit rot glühender Lava gefüllt. Die scheint zurzeit an der Oberfläche zu erkalten, zwei neue Kamine haben sich gebildet, in die immer noch glühendes Magma bis ganz nach oben gedrückt wird.

Die Völker im Omo-Tal

Im Süden Äthiopiens fließt der Omo-Fluss auf einer Strecke von fast 1000 Kilometern durch die Savannen und mündet an der Grenze zu Kenia in den Turkanasee. Am Unterlauf dieses Flusses leben, weitgehend noch sehr ursprünglich, verschiedene ethnische Gruppen, die jeweils ihre eigene Sprache und Kultur haben: Mursi und Karo, Dassenet, Hamer, Benna, Konso und andere mehr.

Diese Völker repräsentieren ein »Bilderbuchafrika«, das es in nicht allzu ferner Zeit wohl nicht mehr geben wird – und dann wird unsere Welt um einiges ärmer sein. Die Tourismusbranche hat diese Region inzwischen entdeckt und wirbt mit Reisen in die »letzten unberührten Gebiete Afrikas« um abenteuerlustige Kunden. Die Besuche der Touristen bleiben nicht ohne Folgen. So hat bei diesen Völkern die bislang dort unbekannte Geldwirtschaft Einzug gehalten, man verkauft handwerkliche Produkte als Souvenirs, und für die Erlaubnis zu fotografieren werden heutzutage in der Regel einige Birr verlangt.

Im unteren Omo-Tal befinden sich zwei Nationalparks mit einer reichen und differenzierten Tierwelt, der Omo und der Mago Nationalpark; die Infrastruktur in beiden Parks ist bislang kaum ausgebaut. Bedeutsam ist diese Region im Übrigen nicht nur für Ethnologen, sondern auch für Paläontologen: Hier wurden in den letzten Jahrzehnten wichtige prähistorische Funde gemacht. Dazu gehören die 100 000 bis 200 000 Jahre alten Schädel Omo I und II sowie ein 1967 von einer Expedition unter der Leitung des Franzosen Yves Coppens entdeckter Kiefer des Austropithecus, eines Vorläufers des heutigen Menschen. Das Alter des Kiefers wird auf 2,5 bis 2,6 Millionen Jahre geschätzt.

Junges Mädchen aus dem Volk der Konso vor einem blühenden Sonnenblumenfeld.

Seit Jahrmillionen hat sich der Omo-Fluss sein Bett in das vulkanische Gestein der Rift-Valley-Ausläufer gegraben. Seine Ufer werden von dichten Urwäldern gesäumt, auf Sandbänken wärmen sich Krokodile träge in der Sonne.

Die Konso und ihre Waka

Fünfzig Kilometer südlich des Chamosees erstrecken sich wilde Bergketten direkt vor dem Rift Valley. Dort lebt das Volk der Konso, die weit über ihre Stammesgrenzen hinaus als geschickte Handwerker bekannt sind. Die Männer weben Stoffe und verarbeiten Metall und Holz, ihre Frauen gerben Leder und töpfern. Auf den Feldern wachsen verschiedene Gemüsesorten, Getreide, Kaffee, Baumwolle und auch Tabak. Diese Felder an den oft steilen Berghängen sind sehr kunstfertig auf Terrassen angelegt.

In etwa 40 Dörfern leben rund 300 000 Konso. Sie sind in neun Clans eingeteilt. Die Mitglieder der verschiedenen Clans heiraten untereinander, so dass in einem Dorf fast immer Mitglieder aller Clans wohnen. Für jeden Clan wählt das Dorf einen »Chief«, der die eigenen Clan-Interessen innerhalb der Dorfgemeinschaft vertritt. Die Konso praktizieren Polygamie, ein Mann hat bis zu drei Frauen, die jeweils ihren eigenen Haushalt führen.

Bei den Konso gibt es einen Totenkult, der dem der Toraja in Sulawesi ähnelt. Zur Erinnerung an Verstorbene werden Holzfiguren geschnitzt und im Land aufgestellt. Die Konso glauben, dass der Geist eines Toten in den hölzernen Skulpturen weiterlebt. Diese Totems tragen die stilisierten Gesichtszüge der Verstorbenen, genannt werden sie, nach der obersten Konso-Gottheit, Waka. War der Tote eine wichtige Persönlichkeit, gruppiert man sogar deren Frauen und auch die getöteten Feinde als Waka um den Helden. Ein phallischer Kopfschmuck weist darauf hin, dass es sich um einen starken Krieger gehandelt hat.

Solche Traditionen sind es, die die Kultur Äthiopiens so unendlich bereichern.

Waka vor dem Museum in Konso. Leider haben von Sammlern und Händlern beauftragte Kunstdiebe in jüngster Vergangenheit viele Waka außer Landes gebracht; deshalb sah sich der Chef des Touristenbüros gezwungen, die letzten verbliebenen Holzfiguren einzusammeln und im Museum zu verschließen.

Der Markt in Konso gehört zu den schönsten und buntesten im Süden Äthiopiens. Die weißen Glockenröcke sieht man häufig bei den Konso-Frauen.

Dieses Bild zeigt eine junge Frau in dem gepflegten Konso-Dorf Gesergyo Village.

Die Halbnomaden Benna

Benna sind Ackerbauern und gleichzeitig Halbnomaden: Zu Beginn der Regenzeit bauen sie Hirse, Sesam und Mais an und überlassen dann die Felder sich selbst; währenddessen ziehen sie mit ihren Ziegen, Schafen und Rindern als Halbnomaden umher. Es gibt etwa 35 000 Benna, die in einfachen Hütten aus Holzstangen und Grasmatten leben.

Wilder Honig ist das einzige Produkt, das die Benna im Überfluss produzieren und an der Straße und auf dem Markt verkaufen oder gegen Artikel des täglichen Bedarfs eintauschen. Viehdiebstähle bei dem benachbarten Volk der Mursi scheinen zur Tradition zu gehören. Während es bei Mädchen kein besonderes Ritual gibt, das den Übergang von der Kindheit zum Erwachsensein markiert, müssen Jünglinge eine Mutprobe ablegen, um als heiratsfähige Männer anerkannt zu werden. Das ist der so genannte Bullensprung: Dabei werden viele Bullen zusammengetrieben, so dass sie eng nebeneinander stehen. Der Bewerber klettert nun auf das erste Tier und springt von Rücken zu Rücken bis zum letzten Bullen. Hat er das geschickt und ohne Sturz vollbracht, wird er in die Männergemeinschaft aufgenommen und bekommt als äußeres Zeichen den *boko*, einen phallisch geschnitzten Stock, ausgehändigt, den er unter seine metallenen Armreifen schieben darf. Das Fest des Bullensprungs gibt es auch bei anderen Völkern am Omo-Fluss, beispielsweise bei den Hamer.

Ein Mann des Benna-Volkes, unterwegs mit einem gefüllten Wasserkrug aus Ton.

Die in verschiedenen Publikationen als abweisend und kriegerisch dargestellten Benna erwiesen sich bei unserem Besuch als freundliche und fröhliche Menschen. Shirts aus industrieller Produktion haben inzwischen ihren Weg bis zu diesem Volk gefunden. In der Hand hält der Mann eine typische Kopfstütze aus Holz, die er beim Schlafen benutzt, um seine raffinierte Frisur zu schützen.

Häufig tragen die männlichen Benna eine Art Helm, der aus den Hälften von Kürbiskalebassen gefertigt ist.

Benna lieben Schmuck in vielfältigen Ausführungen; zu den traditionellen Schmuckgegenständen zählen Kaurimuscheln, Leder und Metall.

Diese Benna-Buben trafen wir auf der Straße. Sie warten wie in einem Hinterhalt auf Autos und führen dann wahre Tänze auf ihren Stelzen vor, um einige Birr dafür zu kassieren.

Lippen- und Ohrenscheiben als Schmuck: die Mursi

Die Mursi nehmen eine Ausnahmestellung im Reigen der äthiopischen Naturvölker ein. Charakteristisch für sie ist beispielsweise das aggressive Verhalten Fremden gegenüber; besonders auffällig sind die von den Frauen der Mursi als Schmuck getragenen Lippen- und Ohrenteller. Zusammen mit dem Brudervolk der Gurma umfasst das Volk der Mursi etwa 30 000 Personen. Sie leben als Nomaden auf einem 1000 Meter hohen Grasplateau über dem heißen Mago Nationalpark und ernähren sich von Milch und Blut, wildem Honig und Ziegenfleisch. An besonderen Festtagen wird auch mal ein Rind geschlachtet.

Der Afrikakenner Paolo Novaresio schreibt über sie: »Ihr Leben ist eine einzige Aneinanderreihung flüchtiger Bündnisse, erneuten Verrats und spontaner Überfälle.«

Jungen Mädchen werden Löcher in die Ohrläppchen gebohrt, und in die Öffnungen werden kleine Holzscheiben gesteckt. Diese vergrößert man dann mit der Zeit, so dass die Ohren schließlich bis weit zu den Schultern herunterhängen.

Was bei den Frauen mit den Ohren beginnt, wird mit den Lippen fortgesetzt. Die untere Lippe wird mit einer Rasierklinge aufgeschnitten, die Wunde mit heilenden Pflanzen notdürftig desinfiziert, und dann schieben sich die Frauen Scheiben aus Holz oder Ton in die Lippenöffnung.

Mit der Größe der Teller in Ohren und Lippen steigt der Brautpreis.

Das kleine Volk der Karo

Es gibt nur noch etwa 3000 Mitglieder dieser Ethnie, über die sehr wenig bekannt ist. Karo sind Ackerbauern und Fischer, darüber hinaus haben sie Ziegen- und Schafherden. Eine Handvoll ihrer Dörfer liegt direkt über dem Omo-Fluss. Die Karo sind mit den Hamer verwandt, die Mitglieder der beiden Völker heiraten untereinander. Deshalb sind viele Riten und Gebräuche und sogar die Kleidung sehr ähnlich. Auffällig bei den Karo ist die starke Körperbemalung mit Kalk und Ocker. Die Farben werden aus Steinen gewonnen.

Wir haben die Dörfer Lebuh, Duss und zweimal Korcho, den größten Ort, besucht. Waren die Bewohner von Korcho beim ersten Zusammentreffen noch skeptisch und scheu, empfingen sie uns am nächsten Tag wie alte Bekannte. Die Männer wurden gesprächig und erklärten, was ihre Körperbemalung konkret aussagt: Sie zeigt den Rang ihres Trägers innerhalb der Dorfgemeinschaft an oder lässt erkennen, wie viele Übergangsriten ein Knabe auf seinem Weg zur Anerkennung als Mann bereits vollzogen hat. Für diese Körperbemalung mit kleinen Holzstäben werden täglich viele Stunden geopfert.

In Korcho erledigen die Karo ihre notwendigen Hausarbeiten am Vormittag, wenn es noch nicht so heiß ist, um dann am Nachmittag Müßiggang zu pflegen: Die Männer hocken im Baumschatten und palavern, die Frauen schwatzen vor ihren Grashütten und warten auf die Kühle des Abends.

Kurz nach Sonnenaufgang am Omo-Fluss: Unaufdringlich und geduldig warten junge Karo-Frauen darauf, für ein paar Birr fotografiert zu werden. Die Karo-Frauen bemalen ihre Gesichter, nicht aber, wie die Männer, ihre Körper.

Für den Kopfschmuck der Karo eignet sich viel: Früchte, Plastikperlen, Kaurimuscheln, Ketten – schließlich sogar ein Nagel, den man sich unterhalb der Lippe durch die Haut steckt.

Die auffällige Gesichtsbemalung nimmt bei jedem Mann eine individuelle Form an.

Meiner Bitte, sich für ein Gruppenbild zu versammeln, folgten nur die Männer des Dorfes, die bei dieser Gelegenheit stolz ihre geladenen Gewehre präsentierten. Frauen sind dabei offenbar unerwünscht.

Dassenet – Volk im Niemandsland

Die Dassenet leben als Nomaden im Grenzgebiet zwischen Äthiopien und Kenia. Sie gehören weder dorthin noch hierhin, und wenn es in diesem Volk einmal zu Streitfällen kommt, mischt sich weder die Polizei von Kenia noch die von Äthiopien ein.

Die 15 000 Dassenet leben wie die anderen Naturvölker von Milch, Blut und Honig; außerdem bauen sie Mais und Hirse an. Während es bei den Mädchen der Konso, Benna, Mursi, Karo und Hamer keine Beschneidungen gibt – nur bei den Jungen –, werden Dassenet-Mädchen im Alter zwischen 8 und 12 Jahren in Gruppen beschnitten und mit 20 Jahren verheiratet – bis dahin sollen sie für die Eltern arbeiten.

Im Gegensatz zu allen anderen von uns besuchten Naturvölkern besitzen die Dassenet-Männer keine Schusswaffen; sie tragen nur Speere mit sich. Sie haben auch keine Körperbemalung. Dieses eigenwillige, sehr abgeschieden lebende Grenzlandvolk hat bislang noch weniger als die anderen Ethnien Südäthiopiens Kontakt mit Fremden gehabt. Das zeigt sich nicht zuletzt an dem überaus freundlichen Empfang, den sie uns bereitet haben, und an der Tatsache, dass sie sich noch fotografieren lassen, ohne Geld dafür zu fordern. Als sie trotzdem einige Birr bekamen, fing das halbe Dorf an, vor Freude zu singen und zu tanzen.

Auch die Krieger der Dassenet pflegen einen engen Kontakt zu ihren Kindern.

Dassenet-Mädchen mit dem typischen, vorwiegend aus Glasperlen bestehenden Hals- und Kopfschmuck.

Junge Dassenet-Frauen mit ihren Kindern im Grenzgebiet von Äthiopien und Kenia.

Hamer – die Hüter des Feuers

Die Stadt Turmi ist der zentrale Siedlungsort der Hamer, die ihre einfachen Hütten im flachen Grasland um die Stadt herum aufgebaut haben. Hamer sind Hirten und Ackerbauern, die Mädchen und Frauen dieses Volkes werden für ihre besondere Schönheit gerühmt. Ähnlich wie die Benna tragen sie farbenprächtige Stirnbänder aus Plastikperlen, Ketten aus Kaurimuscheln und wunderschön gearbeitete Tops aus weichem Ziegenleder.

Eine alte Legende dieses Volkes besagt, dass es Hamer waren, die das erste Feuer entzündeten. Sein Licht lockte die vielen Völker an den Omo-Fluss, und alle schworen ihnen Gehorsam und Respekt. Das Feuer hat bis heute große Symbolkraft bei den Hamer: Stirbt ein Mensch, dann wird das Feuer im Lager gelöscht und unter Segenssprüchen neu entzündet. Nach der Ernte werden die Stoppelfelder in Brand gesteckt, damit die Asche ihre Kraft der Erde zurückgeben kann; und ein Mann voller Tatendrang und Energie wird als »Mensch, der Feuer in sich trägt« bezeichnet.

Die Hamer scheinen noch im Paradies zu leben. Für Worte wie »Sünde«, »Schande« oder »Ehre« gibt es in der Hamer-Sprache keine Wörter, ebenso wenig für »gut« und »böse«. Dafür gibt es das schöne Wort »barjo«. Was es genau bedeutet, lässt sich nur schwer erklären. »Barjo« ist für ein glückliches Leben notwendig, ohne »barjo« vertrocknet die Hirse auf dem Feld, verdurstet das Vieh auf der Weide, stürzt das Universum in Chaos. Mit »barjo« aber wird die Frau den richtigen Mann finden und gesunde Kinder zur Welt bringen. Mit »barjo« werden diese Kinder nie Hunger leiden.

Die Hamer glauben an »barjo« – aber wie lange noch? In Turmi locken erste Bars mit schriller Musik und Alkohol, und die Mädchen tauschen dort ihre schönen Ziegenfelle gegen billige T-Shirts aus dem Westen, ihre Ledersandalen gegen Plastikschuhe aus China. Die neue Zeit hat auch bei den Naturvölkern im Süden Äthiopiens begonnen.

Prachtvoll mit Perlenbändern, metallenen Armreifen, Kaurimuscheln und einem Ziegenfell geschmückte junge Frau der Hamer.

Junge Hamer-Frauen unterhalten sich in einem winzigen Dorf vor ihren Hütten.

Diese beiden Hamer-Mädchen spielen im Sand stundenlang »Gebeta«, eine Art Hütchenspiel. Dabei wird ein rotes Korn geschickt im Sand versteckt und muss von der Gegenspielerin gefunden werden.

Die Hauptnahrung der Hamer ist frisches Rinderblut. Mit einem Pfeil wird eine Vene am Hals des Rindes geöffnet, das warme Blut schießt in den Holzkübel und wird dann lauwarm getrunken.

Junge Frauen beginnen ihren Werbetanz zunächst alleine in einem geschlossenen Kreis. Sie singen und stampfen mit den Füßen, zeigen den wartenden Männern aber nur ihre Rücken. Langsam öffnet sich der Kreis, der Gesang wird lauter und die Tanzschritte aggressiver. Nun treten die Männer zu den Mädchen, die zuerst zurückweichen, um dann zögernd den fordernden Männern entgegenzutanzen.

Auf dem Weg nach Osten, zwischen Dire Dawa und Harar. Links der Straße liegt ein See, der normalerweise nach der Regenzeit bis an diese Stelle reicht, in den Jahren 2004 und 2005 aber völlig ausgetrocknet war. An seinem Ufer lebt das Volk der Oromo hauptsächlich vom Anbau von Tomaten und Zwiebeln. Das Bild zeigt einen typischen Waschplatz der Oromo-Frauen am Ufer des Sees.

Harar, die Weiße Stadt

Das im Osten Äthiopiens liegende Harar erinnert in seinem Erscheinungsbild mehr an den muslimischen Jemen als an die Städte Schwarzafrikas. Der bis heute von einer Stadtmauer umgebene alte Stadtkern wirkt wie eine Insel im Oromo-Gebiet. Die sehr schöne Altstadt beherbergt mehrere große Moscheen, Koranschulen und viele Gebetsplätze. Lange Zeit war nichtmuslimischen Ausländern das Betreten der Stadt verboten. Der Engländer Richard Burton konnte 1855, arabisch gekleidet, als erster Europäer unerkannt in die geheimnisvolle Stadt eindringen und berichtete begeistert von Harar und seiner Atmosphäre.

Von dem orientalischen Zauber ist noch heute sehr viel vorhanden. Wer durch das mittelalterliche Ras-Tor in Harars Altstadt schreitet, betritt eine für Äthiopien fremdartige Welt mit engen Gassen voller Händler und Handwerker. Da wird gehämmert, da klappern Nähmaschinen, da schreit ein Esel und dann ertönt der Gebetsruf vom nahen Minarett. Das Leben ist hier bunt und laut, die Häuser, meist weiß getüncht, sind sauber, vornehm und reich ausgestattet. Aber es gibt auch den christlichen Markt, direkt vor dem Schoa-Tor. Dieses friedliche Nebeneinander der Religionen ist bemerkenswert – und vorbildlich. Nicht weit von einer Moschee stehen die Kirche Medhane Alem, die Erlöserkirche und auch die Michaels-Kirche, dazwischen liegen prunkvolle Paläste aus der Blütezeit dieser einst großen Handelsstadt. Und gleich hinter dem alten Pferdemarkt Feres Megala locken Juweliergeschäfte junge, meist verschleierte Damen an.

Die UNESCO würdigte »Frieden, Toleranz und Solidarität« in Harar und zeichnete die Stadt 2004 mit dem Cities-for-Peace-Preis aus.

Junge Mädchen flattern wie bunte Schmetterlinge durch die staubigen Gassen mit den weißgetünchten Mauern von Harar.

Blick aus der Ferne auf Harar – für Karlheinz Böhm die schönste Stadt Äthiopiens.

Öffnet man eine Tür wie diese blaue, kommt man in den sauberen Innenhof einer Hausgemeinschaft. Von dort geht es in die oft vornehmen Wohnhäuser hinein.

Khatblätter enthalten ein Narkotikum; das traditionelle Rauschmittel wird üblicherweise in Männerrunden gekaut.

Der Khatmarkt von Harar. Früher wurde in der Gegend um Harar sehr viel Kaffee angebaut. Nachdem dessen Preise gefallen, die des Khats dagegen gestiegen sind, gibt es heute überall große Khatplantagen und am Vormittag schon den bunten Markt in Harar, auf dem frischer Khat angeboten wird. Die Qualitätsunterschiede sind groß. Inzwischen wird Khat auch von hier in den Jemen und nach Somalia exportiert.

»Welcome Karli«

»Nicken Sie nicht, tun Sie was« – so lautet das unerschütterliche Lebensmotto von Karlheinz Böhm, der 1928 als Sohn des österreichischen Dirigenten Karl Böhm und der deutschen Sopranistin Thea Linhard in Darmstadt geboren wurde. Nach einer großen Karriere als Schauspieler änderte er – 53-jährig – im Jahr 1981 nach einem Auftritt in der populären Fernsehsendung »Wetten, dass...?« radikal sein Leben. Er gründete in Äthiopien die Hilfsorganisation *Menschen für Menschen* und sagt heute über diesen Entschluss:

»Als ich den Mut fand, meiner Wut über die ungerechte Verteilung der Reichtümer auf unserem Planeten vor der Fernsehkamera Ausdruck zu verleihen, hatte ich keine Vorstellung davon, welche Konsequenzen dieser Auftritt haben würde. Wenn ich jedoch heute sehe, dass wir in großen Landesteilen Äthiopiens, in denen wir Projekte haben, auf die Beendigung einer der schrecklichsten Traditionen, nämlich der Frauenbeschneidung, hinweisen dürfen, dann bestätigt das unsere Arbeit auf sehr schöne Weise.«

Ende Mai 2005, die Fotoarbeiten zu diesem Buch waren fast abgeschlossen, begegnete ich diesem ungewöhnlichen Mann zum ersten Mal auf dem Flughafen in Addis Abeba. Michaela Böhm, Public-Relations-Beauftragte von *Menschen für Menschen* in Äthiopien und eine Seele von Mensch, die Afrika liebt (und übrigens nicht mit Karlheinz Böhm verwandt ist), stellte unsere kleine Gruppe dem erstaunlich vitalen 77-jährigen Entwicklungshelfer vor. Zu dieser Gruppe gehörten Juergen Wagentrotz, Peter Schwaeger und Percy Meiser sowie Hagen Damaschke, Kapitän der MS Europa von Hapag Lloyd, mit seiner Lebensgefährtin Jessica und die beiden Journalisten Peter Bischoff und Helfried Weyer. Ich kannte vorher nur Hagen Damaschke; 1997 waren wir gemeinsam mit der MS Hanseatic im nördlichen Spitzbergen auf Grund gelaufen. Damaschke war damals Sicherheitsoffizier, ich trug als Lektor Geschichten über das Eis, über Eisbären und anderes vor.

Auf Kreuzfahrten der gehobenen Klasse wird häufig am Ende einer Reise vom Kapitän die auf der Brücke benutzte Seekarte unter den Passagieren für einen gemeinnützigen Zweck versteigert. Das hatte auch Hagen Damaschke mit großem Erfolg getan. Juergen Wagentrotz und Peter Schwaeger boten gemeinsam 150 000 Euro für die bunte Übersichtsseekarte mit der eingezeichneten Kreuzfahrtroute! Das war ein neuer Rekord in dieser von vielen Reedereien gepflegten Tradition, und *Menschen für Menschen* konnte mit dem Betrag eine schöne Schule in Elbahai bauen, eine Schule für 120 äthiopische Kinder, die nur durch einen Schulbesuch die Chance haben, den Anschluss ans 21. Jahrhundert zu finden.

Wir hatten uns nun in Addis Abeba getroffen, um gemeinsam die neue »MS-Europa-Elbahai-Lower-Primary-School« in Elbahai bei Babile zu eröffnen. Mit einer Propellermaschine flogen wir alle nach Dire Dawa. Von dort ging es dann in drei Landcruisern eine Stunde lang weiter

Karlheinz Böhm im Mai 2005 bei der Eröffnung der 114. von ihm in Äthiopien errichteten Schule. Er sagt: »Wenn ich das Wort Liebe beschreiben sollte, dann fällt mir dazu nichts Besseres als diese Arbeit ein.«

FM
FM

nach Harar zum ATTC (Agrotechnisches Trainings-College), einem der Hauptquartiere von *Menschen für Menschen* am Rande des Erer-Tals. Karlheinz Böhm kam nach Hause – und was war das für ein Empfang!

»Welcome Karli, welcome Karli«, sangen die Äthiopier voller Begeisterung und begannen im Schatten von Palmen zu tanzen. Karlheinz Böhm wollte seinen schwarzen Freunden die Hände schütteln, kam aber gar nicht dazu. Immer mehr Menschen tanzten um ihn herum, klatschten laut, und Karlheinz Böhm tanzte einfach mit. »Welcome Karli, welcome Karli.« Ich stand fast etwa beschämt im Abseits, und mir wurde bewusst, dass ich eine solche ehrliche Begeisterung für einen Menschen in unserem eher nüchternen Europa nie erlebt hatte. Unmittelbar nach diesem aufregenden Ereignis zog sich Karlheinz Böhm zur Arbeitsbesprechung mit seinen engsten Mitarbeitern zurück. In Äthiopien arbeiten etwa 600 Menschen in Böhms Organisation. Nur ein Prozent davon sind Europäer; sie kommen aus Deutschland, Österreich und der Schweiz. Erst am Abend findet Karlheinz Böhm wieder Zeit für seine Gäste, trinkt ein Glas Rotwein und erzählt uns bis tief in die Nacht hinein die Geschichte seines ungewöhnlichen Projektes.

Was unterscheidet diesen ehemaligen Schauspieler, der nicht nur Kaiser Franz Joseph in den Sissi-Filmen gespielt hat, sondern ebenso Shakespeares König Lear, von anderen Menschen, die in die so genannte »Dritte Welt« gegangen sind, um zu helfen, um zu teilen? Es ist wohl dieses bewundernswerte Lebensmotto: »Nicken Sie nicht, tun Sie was!« Die normalen Menschen nicken zu viel und tun zu wenig. Karlheinz Böhm beobachtet scharf, hört aufmerksam zu, nickt auch – und tut was!

Unser kleiner Konvoi schiebt sich langsam in der eigenen Staubwolke durch das schöne Erer-Tal. Die Regenzeit ist zu Ende, hat aber Spuren hinterlassen. Von einem Hang sind fußballgroße Steine auf den schmalen, sandigen Weg gerutscht. Karlheinz Böhm, der seinen Landcruiser in Afrika immer selbst fährt, hält an, lässt die steinernen Hindernisse aus dem Weg räumen und bespricht mit Berhanu Negussie, seinem engsten Mitarbeiter in Äthiopien, wie man den Hang befestigen könne. Negussie macht spontan Aufzeichnungen und schließt das Thema ab: »Wird in der nächsten Woche erledigt!« Die Karawane zieht weiter. Immer wieder tauchen plötzlich Frauen im Staub auf, mit gewaltigen Khat-Lasten auf den Köpfen. Die Droge Khat muss schnell auf den Markt, je frischer die Khatblätter sind, desto größer ist der Gewinn. Diese Frauen laufen stundenlang und kilometerweit, und unsere Fahrer müssen höllisch aufpassen, um ihnen rechtzeitig auszuweichen. Plötzlich stehen wir vor einem tiefen Loch. Der halbe Feldweg ist weggespült. Karlheinz Böhm gibt wieder Anweisungen, und Berhanu Negussie notiert: »Das Loch muss aufgefüllt werden. Die seitliche Böschung befestigt. So schnell wie möglich, bevor ein Eselkarren dort hineinrutscht.«

»Was tun eigentlich die verantwortlichen Gemeinden hier, wenn sie so ein Loch in der ›Straße‹ sehen«, frage ich Karlheinz Böhm.

»Erstens haben die kein Auto und kommen deshalb hier gar nicht vorbei«, erwidert er, »und wenn doch, fahren sie einfach um das Loch herum und sehen darin auch keine Gefahr.

Wir müssen Verantwortung übernehmen und das auch zeigen, nur so lernen die Menschen in ihrem Land von uns! Vorleben ist da angesagt.«

Wir sind nicht nur mit dem Auto unterwegs, sondern wandern auch über Berg und Tal, auf schmalen, oft steilen Pfaden. Karlheinz Böhm schwingt dabei einen ansehnlichen Wanderstock, so als ob er zum Frühschoppen auf eine österreichische Alm unterwegs ist. Jede Bäuerin und jeden Bauern, die wir unterwegs treffen, spricht Karlheinz Böhm persönlich an, drückt ihnen die Hand, umarmt die meisten und erkundigt sich nach der Feldarbeit, nach dem Wasser im Brunnen, nach der Gesundheit der Familie. Ja, Karlheinz Böhm ist einer von ihnen, er gehört zu den Menschen im Erer-Tal. Und diese Leute kennen, achten und lieben ihren weißen Freund aus dem fernen Europa.

Endlich kommt der Tag der Schuleröffnung. Kurz vor dem winzigen Dorf Elbahai signalisiert Michaela dem vorausfahrenden Karlheinz Böhm, dass wir uns an die Spitze des Konvois setzen werden, um einen Fotografenplatz in der vorderen Reihe zu ergattern. Eine bunte Menschentraube wie bei einem Volksfest erwartet uns, von der neuen Schule ist nur das Dach zu sehen. Mehrere tausend Personen harren in schönster afrikanischer Festtagskleidung unter der sengenden Sonne Äthiopiens aus. Jetzt kommt Unruhe in die Menge, TV-Kameras werden auf unsere Autos gerichtet, tausend Kinder schwenken Papierfähnchen mit dem Logo *Menschen für Menschen.* Peter Bischoff, der Agenturfotograf, und ich begeben uns mit gezückten Kameras in die Menge. Die Leute machen freundlich, fast ehrfurchtsvoll Platz. Dabei blicken sie kaum auf uns, sondern auf den zweiten Landcruiser, der jetzt hundert Meter hinter uns hält. Die Tür öffnet sich, und aus unzähligen Kehlen schallt es fast wie ein Schlachtruf: »Welcome Karli, welcome Karli, welcome Karli!« Karlheinz Böhm ist ausgestiegen, wird umringt, tanzt jetzt selbst mit jungen und alten Menschen, die im Takt klatschen.

»Ein bisschen wie Jesus«, murmelt Peter mir zu, und ich merke an seiner erstickten Stimme, dass der hartgesottene Fotograf, der die ganze Welt bereist hat, ähnlich ergriffen ist wie ich.

»Welcome Karli, welcome Karli!« Es nimmt kein Ende und Karlheinz Böhm hat Mühe, auch nur einen Meter voranzukommen. Die einheimischen Kameraleute sind gegenüber den deutschen Fotografen sehr kooperationsbereit, sie machen bereitwillig Platz und lassen uns sogar auf ihre TV-Podeste. Um uns herum ist nur Lachen, Klatschen und Tanz. Die singenden und tanzenden Frauen haben einen Kreis gebildet, den sie gerne für den fremden Fotografen öffnen. Sie wissen, wir gehören auch zum Tross ihres Karlheinz Böhm. Endlich haben die Offiziellen das vor der Schule gespannte Band erreicht, und Karlheinz Böhm zerschneidet es gemeinsam mit dem Kapitän, der trotz der unbarmherzigen Sonne seine MS-Europa-Uniform angezogen hat. Nachdem das Band zerschnitten ist, bricht lauter Jubel los – jetzt haben wieder viele Kinder die Möglichkeit, Lesen, Schreiben und Rechnen zu lernen. Und genau das ist die beste Hilfe zur Selbsthilfe, genau das ist die Voraussetzung für eine bessere Zukunft in Äthiopien. Gleich nach diesem farbenfrohen Festakt sitzt Karlheinz Böhm unter den Kindern auf den neuen Schulbänken, lacht und scherzt mit ihnen, nimmt sie gleich dutzendweise in seine ausgestreckten Arme.

»Ja«, denke ich, »ein bisschen wie Jesus!«

Danach folgen offizielle Reden unter einem eigens aufgebauten, Schatten spendenden Dach. Unter ihm hocken zweihundert Männer auf dem Boden und werden mit Limonade und Cola beglückt. Für uns Gäste wurden Stühle aufgebaut. Die herrlich bunt gekleideten Frauen – Karlheinz Böhm wehrt sich gegen europäische Altkleidersammlungen, die diesen Menschen unsere hässlichen und einfallslosen Werbe-T-Shirts bringen – sitzen, meist mit ihren Babys im Arm, hinter dem Schattendach in der prallen Sonne. Da geht Karlheinz Böhm ans Mikrofon und wettert wie Moses vor seinem Volk:

»Jetzt probieren wir etwas ganz Neues aus!« Gespannte Stille. »Ihr Männer sitzt im Schatten und trinkt kühle Limonaden. Ihr steht jetzt auf und geht raus in die Sonne. Die Frauen aber, die eure Babys tragen und erziehen und täglich das Wasser vom Brunnen zum Dorf schleppen, die kommen jetzt in den Schatten und bedienen sich mit Getränken – und so soll das jetzt hier immer sein!«

Nur verhaltener Beifall bei den Männern, aber sie gehorchen, und die Frauen rücken unsicher in den Schatten. So ist Karlheinz Böhm, so ist ein Mann, der Menschlichkeit vorlebt, der Verantwortung trägt und an eine gerechte Zukunft in dieser Welt glaubt.

Ein Äthiopier hat einmal gesagt: »Karlheinz Böhm ist der einzige Mensch in diesem Land mit einer großen Vision!« Ich weiß durch meinen kurzen Besuch, dass dieser Mann nicht nur nickt, sondern die Ärmel hochkrempelt und viel tut, sehr viel.

Das Geld für die Schule von Elbahai wurde von Juergen Wagentrotz und Peter Schwaeger während einer MS-Europa-Kreuzfahrt gespendet. Kapitän Hagen Damaschke zerschneidet zusammen mit Karlheinz Böhm das blaue Band vor der neuen »MS-Europa-Elbahai-Lower-Primary-School«, in der nun 120 Kinder unterrichtet werden.
Menschen für Menschen baut solche Schulen von Spendengeldern und übergibt sie dann den Gemeinden, die für Lehrer und den folgenden Schulbetrieb sorgen. Das ist »Hilfe zur Selbstentwicklung«, wie Karlheinz Böhm immer wieder betont.

»Welcome Karli, welcome Karli«, rufen Jung und Alt bei der Schuleröffnung in Elbahai. Karlheinz Böhm findet immer Zeit, auch die Kleinsten zu begrüßen.

Schattenspiele: Während der Schuleröffnung wird getanzt und gesungen – denn so ein Tag ist wieder ein kleiner Schritt auf dem Weg zur Selbständigkeit der Menschen in Äthiopien.

Trotz seiner 77 Jahre greift Karlheinz Böhm noch gerne zum Wanderstock und marschiert rüstig durch »sein Erer-Tal«, oft steil bergauf und bergab. Die Menschen kennen ihren Mr. Karl, und er kennt sie. Hier trifft er einen Leprakranken, der wieder lachen kann, weil er in seine Dorfgemeinschaft integriert wurde. Berhanu Negussie, rechts im Bild, gehört seit 25 Jahren zu Böhms engsten Mitarbeitern und übersetzt unterwegs alle einheimischen Dialekte.

Karlheinz Böhm trifft zwei Bauern und erkundigt sich nach dem Wohlbefinden der Familien, nach den Ernten auf den Feldern und dem Zustand ihrer Häuser. Den äthiopischen Bauern zuhören – das gibt Erfahrung und schafft Vertrauen und führt schließlich zum Erfolg bei *Menschen für Menschen*.

Menschen für Menschen von Karlheinz Böhm

Oft werde ich nach meiner Motivation zur Hilfe für Menschen in Äthiopien gefragt, und ich möchte hier eine ehrliche Antwort geben. Als ich auf meiner ersten Afrikareise nach Kenia die für mich unfassbare Diskrepanz zwischen dem Reichtum in Europa und der Armut in Afrika erlebte, erfasste mich Wut. Und diese ungeheure Wut wurde dann zur Triebfeder.

Am 16. Mai 1981 kam es in Wien zu der vielleicht verrücktesten und folgenschwersten Wette bei Frank Elstner in seiner ZDF-Sendung »Wetten, dass...?«: »Freunde, ich wette mit euch, dass nicht einmal jeder dritte Zuschauer eine Mark gibt, um hungerleidenden Menschen in der Sahelzone zu helfen. Ich verpflichte mich, wenn ich diese Wette verlieren sollte, selbst nach Afrika zu gehen, um den Menschen dort zu helfen.«

Es wurde chaotisch, und abenteuerliche Gedanken schwirrten mir durch den Kopf. Wie sollten unsere Zuschauer vor den Bildschirmen ihr Geld eigentlich spenden? Ich wollte ihnen allen Ernstes sagen, werft das Geld einfach auf die Straße, Pfadfinder werden es für mich dann aufsammeln. Aber dann fiel mir ein: Wozu haben die Bürger in Deutschland, Österreich und der Schweiz eigentlich ihren Bundespräsidenten? An die sollen die Leute ihre Spende schicken, das sagte ich, neben Frank Elstner stehend, live in die Kamera. Sicher war das auch verrückt, aber es gab ja weder eine Organisation noch ein Konto. Was ich da in der Sendung angerichtet hatte, konnte ich an jenem denkwürdigen Samstag noch gar nicht überblicken. Am Montag nach der Sendung rief ich das Deutsche Bundespräsidialamt in Bonn an, Bundespräsident war damals der CDU-Politiker Carl Carstens. Ich bat die freundliche Telefonistin, mich mit dem Büro des Bundespräsidenten zu verbinden. Und die fragte völlig überrascht zurück: »Moment mal, sind Sie dieser Karlheinz Böhm, der in ›Wetten, dass...?‹« – weiter kam sie nicht.

»Ja, das bin ich gewesen.«

»Wissen Sie überhaupt, was Sie uns da angetan haben? Seit Samstag Nacht klingelt bei uns ununterbrochen das Telefon, und die Leute fragen, wohin können wir das Geld überweisen? Immerhin haben wir bereits erreicht, dass die Dresdner Bank noch am Sonntag ein Sonderkonto für die Spenden eingerichtet hat.«

Ja, genau so war das damals und ganz ähnlich in den Präsidialämtern von Österreich und der Schweiz. In den folgenden Tagen gingen dort ganze Waschkörbe voller Briefe ein. Da waren jeweils nur eine Mark, manchmal auch zwei oder fünf drin. Jede Münze kam auf das neue Konto, und schließlich waren es beachtliche 1,2 Millionen D-Mark, die in den nächsten Tagen auf 1,7 und im ersten Spendenjahr sogar auf 2,4 Millionen D-Mark anwuchsen.

Wo sollte ich mit diesem Geld hin? Ich wusste nur sehr wenig über Afrika. Deshalb ließ ich mir von der UNESCO Informationsmaterial über die ärmsten Länder in der Sahel-Zone schicken. Dann schrieb ich an die Regierungen der betreffenden Staaten.

»Wir sind als *Menschen für Menschen* bislang 25 Jahre unbeirrt in unserem Beispielland Äthiopien geblieben und werden dies auch so lange weiterhin tun, bis diese unsere Äthiopier wirklich selbständig sind.« (Karlheinz Böhm)

TOYOTA
Menschen
für
Menschen

Der Tschad lehnte mein Hilfsangebot ab, ebenso der Sudan. Nur in Äthiopien war man interessiert.

Ende Oktober 1981 flog ich nach Addis Abeba. Niemand fragte mich dort nach einem Visum, alle drei Botschafter aus Österreich, Deutschland und der Schweiz holten mich direkt vom Flugfeld ab, mit dabei waren auch Regierungsvertreter des Landes. Die äthiopische Flüchtlingsorganisation »Relief and Rehabilitation Commission« organisierte für mich einen Flug in einer viersitzigen Cessna nach Dire Dawa und setze mich dort in einen völlig heruntergekommenen Landrover, mit dem wir bis Harar fuhren. Dort zeigte man mir das Erer-Tal, in dem ich mit den entsetzlichen Zuständen in verschiedenen Flüchtlingslagern konfrontiert wurde. Nach diesem Besuch gab es für mich überhaupt keine Frage mehr: Es wird Äthiopien, und ich werde hier bleiben. Überall auf der Welt arbeiten viele unterschiedliche Hilfsorganisationen, auch große, die weltweit sehr viel Geld sammeln, und deren Spender wissen oft gar nicht, wo und wem mit ihrem Geld geholfen wird. Das wollte ich mit meiner kleinen Organisation, die ich *Menschen für Menschen* nannte, anders machen. Die Spender sollten genau wissen, wo ihr Geld bleibt.

Das waren meine Hauptgründe, in *einem* afrikanischen Land zu bleiben. So begann für mich nach der Schauspielerei eine ganz neue und unendlich große Aufgabe. Ich wollte aber nie als Wohltäter dastehen und auch nicht aus reinem Mitleid handeln, sondern ebenso aus Eigennutz. Ich spüre eine ganz große Verantwortung meinen Kindern gegenüber! Heute regen wir uns auf, wenn ein paar hunderttausend Menschen aus Afrika zu uns kommen. Wir überlegen, wie wir uns abschirmen und ihre Flucht aus Afrika verhindern können. Diese Menschen kommen aus ihrer eigenen Not zu uns und wirklich nicht aus Liebe und Leidenschaft zu Europa.

Nur wenn wir diese Diskrepanz zwischen Arm und Reich radikal und mit großem Einsatz verkleinern, werden die Afrikaner in ihren Ländern bleiben. Schaffen wir das nicht, dann werden in absehbarer Zeit so viele Flüchtlinge zu uns drängen, dass unsere nächste Generation allergrößte Schwierigkeiten bekommt.

Ich kann das an einer erschreckenden Zahl verdeutlichen. Als ich vor 25 Jahren meine Arbeit in Äthiopien begann, gab es in diesem Land 32 Millionen Menschen, heute – eine Generation später – sind es schon über 70 Millionen! Das ist heller Wahnsinn, denn diese unvorstellbar vielen Menschen wissen nicht mehr, wie sie sich und ihre Familie ernähren können. Alles, was wir tun, sind nur winzig kleine Meilensteine, aber sie müssen einfach getan werden, denn es geht auch um unsere eigene Zukunft.

Als ich diese Arbeit 1981 in Angriff nahm, ging ich mit einem Lächeln und offenen Armen auf die Menschen zu und stellte fest, dass dies die beste Sprache ist, in der man sich verständigen kann. Mit dieser Geste gewann ich im Laufe der Jahre das Vertrauen Hunderttausender. Sie betrachten *Menschen für Menschen* und meine Person nicht als »fremde Weiße«, sondern als Menschen ihresgleichen, die begreifen wollen, was ihnen fehlt, um eine Selbstentwicklung in Gang zu setzen.

In den vergangenen Jahrzehnten mussten wir immer wieder katastrophale Hungersnöte erleben, die Nothilfe zur Mindestversorgung erforderlich machten, um Hunderttausende, ja Millionen von Menschen das Leben retten zu können. Wenn mir damals jemand vorgeschlagen hätte, eine Straße zu bauen, hätte ich ihn sicher ausgelacht. Heute ist mir klar, dass mit dem minimalen Straßennetz dieses riesigen Landes in den meisten Gebieten eine Entwicklung so gut wie unmöglich ist. Für unzählige Menschen dort wäre eine Straße im tieferen Sinn des Wortes das Tor zu Welt.

Aber das ist nur ein Beispiel auf einem langen und manchmal sehr steinigen Weg, auf dem meine Mitarbeiter und ich gelernt haben zu begreifen, wie, wo und durch was man diesen Menschen in Äthiopien die Möglichkeit geben kann und muss, sich selbst zu entwickeln.

Vom ersten Projekt im Erer-Tal bis hin zur Modellgemeinde Ramascht in Zentraläthiopien, wo Wasserstellen, Schule, Krankenstation, Veterinärklinik und landwirtschaftliche Entwicklung aus den Anfragen der Gemeinde heraus entstanden sind, war und ist es ein kontinuierlicher Lernprozess, der uns *Menschen für Menschen* so weit gebracht hat, dass man uns heute als Teil der äthiopischen Bevölkerung sieht.

Wie schön wäre es, wenn eines Tages die Menschen zu mir kämen und sagten: »Vielen Dank, Karl. Wir haben viel gemeinsam erreicht, und wir brauchen Euch jetzt nicht mehr.«

So lange, bis die Politiker und Wirtschaftslenker der reichen Industrieländer endlich begreifen, dass wir auf dem einen Erdball ohne den Kontinent Afrika auch wirtschaftlich nicht mehr werden existieren können, so lange wird das wohl noch dauern. Aber wir können, wir werden, wir wollen und müssen noch viel gemeinsam verändern, darunter zum Beispiel in Äthiopien als *Menschen für Menschen.*

Im Agrotechnischen Trainings-College (ATTC) in Harar werden junge Männer und Frauen in Agroökologie, Metallverarbeitung, Elektrotechnik und Kfz-Mechanik ausgebildet.

Auch die Ausbildung am Computer gehört zum Programm des ATTC.

Fast alle Schüler des ATTC werden gleich nach dem Abschluss ihrer Ausbildung von Firmen aus Addis Abeba angeworben.

Lehrlinge im ATTC: Diese hübschen Mädchen erlernen bei *Menschen für Menschen* das Elektrohandwerk und wissen zum Beispiel schon, wie eine Verkehrsampel technisch zu schalten ist.

Karlheinz Böhm ist ein praktischer und sparsamer Mensch, der verantwortungsvoll mit Spendengeldern umgeht. Container mit Hilfsgütern, die über Djibuti ins Land kommen, werden nicht als Leergut zurückgeschickt, was mit hohen Kosten verbunden wäre, sondern einfach zusammengeschraubt und dann zu Verwaltungsbauten umfunktioniert. Hier arbeitet die Projektverwaltung von *Menschen für Menschen* in Babile in sauberen und durchaus schmucken Container-Büros.

Sauberes Trinkwasser gehört zu den wichtigsten Gütern dieser Erde. In Äthiopien haben nur 18 von 100 Menschen Zugang zu sauberem Wasser. *Menschen für Menschen* hat über 1000 solcher Wasserpumpen in den Dörfern der Landbevölkerung gebaut. Dadurch kann die Kindersterblichkeit ebenso reduziert werden wie Magen- und Darmerkrankungen.

Im schönen Erer-Tal hat Karlheinz Böhm dieses bescheidene, nur 50 Quadratmeter große Häuschen gebaut. »Hier bin ich zu Hause, hier habe ich nicht nur meine Wurzeln gefunden, die ich mein ganzes Leben lang gesucht habe, sondern auch die Frau, die mehr als mein Lebensglück ist.«

Das Wohnzimmer von Karlheinz Böhm und seiner Frau Almaz ist afrikanisch eingerichtet. Von der strohüberdachten Terrasse schweift der Blick in das grüne, mit Kakteen bewachsene Tal.

»Nicken Sie nicht, tun Sie was!«

Für 4 Euro können Sie einem Menschen das Augenlicht wiedergeben.
Für 70 Euro können Sie ein Menschenleben retten.

Menschen für Menschen
Brienner Straße 46
D-80333 München

Spendenkonto: 18180018
Stadtsparkasse München (BLZ: 701 500 00)

Menschen für Menschen
Capistrangasse 8/10
A-1060 Wien

Spendenkonto: PSK 7.199.000

Menschen für Menschen
Postfach
CH-8034 Zürich

Spendenkonto: PC 90-700 000-4

Menschen für Menschen

Karlheinz Böhms Äthiopienhilfe

Junges muslimisches Mädchen in Harar, der Weißen Stadt im Osten Äthiopiens.

WATOTO
WATOTO

Äthiopien

0
200
400 km
SUDAN
ERITREA
Rotes Meer
SAUDI-ARABIEN
JEMEN
KHARTUM
ASMARA
Axum
Tigray
Assalesee
Erta Ale
Semienberge
Makale
Gondar
4620
Ras Dashen
Danakil-senke
Gondar
Welo
DSCHIBUTI
Dschibuti
Golf von Aden
Tanasee
Lalibela
Gojam
Bahar Dar
Dessie
Awash
4413
Talo
Abbesee
Debre Markos
Blauer Nil
Shewa
Berbera
Dire Dawa
Welega
ADDIS ABEBA
SOMALIA
Harar
Ahmar-Gebirge
Nekemte
Nazret
Erer-Tal
Ilubabor
Arsi
Hararge
Dschimma
Kefa
Awasa
Ogaden
Akobo
Batu
Abayasee
4307
Bale
Omo
Guge
Wabi Shebele
Gamo-Gofa
4200
Kibre Mengist
SUDAN
Chamosee
Genale
SOMALIA
Chew Bahirsee
Sidamo
Turkana-see
KENIA
UGANDA
Indischer Ozean

Dank

Mein ganz besonderer Dank für Hilfestellung bei den Arbeiten zu diesem Buch gilt Habte Lakev für seine gute Führung im Land und tausend wertvolle Informationen unterwegs, Michaela Böhm für ihre tolle Führung durch das Projekt *Menschen für Menschen* und die Durchsicht der entsprechenden Manuskriptseiten, Karlheinz Böhm für seine spontane Bereitschaft, an diesem Buch mitzuarbeiten, Ikarus Tours in Königstein für alle Flug- und Landbuchungen und die vielen wertvollen Informationen zum Thema Äthiopien und last but not least meiner lieben Frau Renate für alle Hilfe unterwegs und vor allem für die Computerarbeit während der Produktionsphase. Danke Euch allen!

Zur Fotografie

Die Aufnahmen dieses Buches wurden mit der analogen Rolleiflex 6008 im Mittelformat gemacht, die meisten auf Doppelseiten präsentierten Bilder mit der Linhof Technorama-Kamera im Format 6 x 17, ebenfalls analog. In beiden Fällen habe ich Kodak-Ektachrome-Rollfilme 100 VS benutzt und fast immer ein sehr stabiles Holzstativ von Berlebach. Nur dieser große technische Aufwand ermöglicht es, wirklich perfekte Bilder von einer solchen Reise mitzubringen. Äthiopien habe ich für diese Buchproduktion fünfmal besucht.

Benutzte Literatur

Wilfred Thesiger, Die Brunnen der Wüste, München 2004
Gianni Giansanti, Völker des Morgens, München 2004
Dierke Länderlexikon, Braunschweig 2004
Gute Nachricht Bibel, Deutsche Bibelgesellschaft, Stuttgart 2000

Das Zitat auf Seite 6 oben entstammt dem Buch »Die Brunnen der Wüste« von Wilfred Thesiger, das Zitat auf Seite 104 dem Buch »Völker des Morgens« von Gianni Giansanti.

Weitere brillante Bildbände von Helfried Weyer in unserem Programm:

In beeindruckenden Bildern zeigt Helfried Weyer das Ostpreußen von heute, eine faszinierende, vielfältige, neu zu entdeckende Region.

Helfried Weyer / Arno Surminski
Ostpreußen
ISBN 3-89479-155-1
€ 29,90 / sFr 52,20

Der weltweit erste Bildband über eine faszinierende, kaum bekannte Region. Mit atemberaubenden Farbfotografien und historischen Illustrationen zur österreichisch-ungarischen Expedition von 1873.

Helfried Weyer / Peter von Sassen
Vergessene Inseln im Eis
Eine Expedition ins Kaiser-Franz-Joseph-Land
ISBN 3-89479-302-3
€ 34,90 / sFr 60,40